DOUZE LEÇONS

DE

PHOTOGRAPHIE

Description de procédés simples et faciles,
au moyen desquels on obtient, presque infailliblement,
des épreuves

SUR

VERRE ET PAPIER.

PAR

LE Dr J. FAU.

PARIS

CHARLES CHEVALIER, PALAIS-ROYAL, 158,

GALERIE DE VALOIS,

ET COUR DES FONTAINES, 1.

1854

DOUZE LEÇONS

DE

PHOTOGRAPHIE

Description de procédés simples et faciles,
au moyen desquels on obtient, presque infailliblement,
des épreuves

SUR

VERRE ET PAPIER

PAR

LE Dr J. FAU.

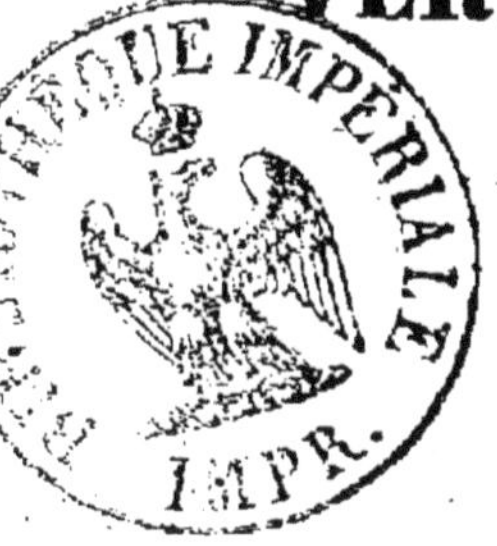

———⟡———

PARIS

CHARLES CHEVALIER, PALAIS-ROYAL, 158,

GALERIE DE VALOIS.

ET COUR DES FONTAINES, 1.

—

1854

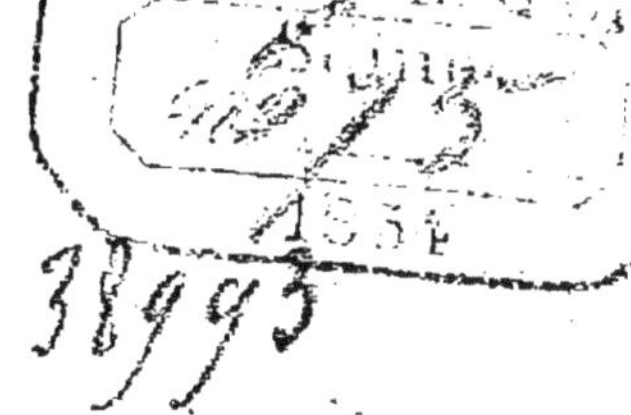

On a publié et l'on publie, chaque jour, des brochures plus ou moins volumineuses sur les procédés photographiques. Leurs auteurs ont la prétention et sans doute le désir d'enseigner ce que leur a appris une longue pratique, et pourtant les amateurs se plaignent presque toujours de l'insuffisance de ces *Traités, Guides, Manuels, etc., etc.*, dont l'apparition réveille constamment en eux l'espoir du succès.

D'où vient donc que ces opuscules, parfois très-intéressants et très-substantiels, trouvent si peu de disciples capables d'en tirer profit ?— La faute en est-elle au livre ou au lecteur ? — Au lecteur souvent, plus souvent au livre. — Et voici pourquoi.

L'auteur oublie presque toujours qu'il écrit pour des *ignorants ;* et que l'on ne prenne pas cette qualification en mauvaise part ; nous la méritions tous, avant que Niepce, Daguerre et

M. Talbot nous eussent initiés aux mystères de leurs magiques découvertes, et tout homme qui se livre à l'étude d'une science ou d'un art nouveau, fût-il Leibnitz, Descartes ou Newton, serait aussi ignorant en cette matière que nous l'étions lorsque notre grand Arago vint nous dévoiler *l'alchimie photographique*.

De quoi servent au commençant les considérations purement théoriques et la multiplicité des formules, surtout lorsque ce commençant est un homme du monde, livré parfois durant une grande partie de la journée à des occupations fort importantes, sans doute, mais très peu scientifiques et encore moins artistiques? Que cherche-t-il dans la photographie? Un agréable délassement et non pas un sujet de fatigantes études.

Eh bien, s'il ne prend pas tout d'abord le parti le plus simple et le plus sûr, qui consiste à se faire démontrer pratiquement les diverses opérations de la photographie, l'amateur achète les brochures le plus en renom, les lit avec avidité, se perd au milieu des nombreux procédés trop libéralement agglomérés dans le livre, et lorsqu'il tourne enfin le dernier feuillet, il reste terrifié de son audacieuse tentative.

Mais combien de déceptions, de *désillusions*

l'attendent, lorsque, doué d'une volonté opi-
niâtre, il se lance avec courage au milieu de
ces manipulations si nouvelles pour lui ! A
chaque insuccès, il oppose des préparations
variées, prenant à tort et à travers les divers
moyens qu'on lui indique , et dont il espère de
meilleurs résultats. — « Cela est bon, lui dit le
livre, mais parfois ceci est meilleur, cependant
il y aurait peut-être avantage à opérer de telle
autre manière. »

Eh ! mon Dieu, pourquoi le torturer ainsi, au
lieu de lui dire tout bonnement : « Voici un
procédé simple, d'une exécution facile , qui
vous mettra à même d'obtenir très souvent de
bonnes épreuves ; apprenez-le d'abord, et
quand vous le posséderez à fond, vous pourrez
aborder hardiment les modifications qu'on lui
a fait subir ou de nouveaux procédés plus ou
moins efficaces , et, en fin de compte, peut-être
reviendrez-vous à votre A-B C, heureux de vous
reposer dans le succès, de vos pérégrinations fatigantes et infructueuses. »

C'est ainsi que j'essaierai de lui enseigner
la photographie, s'il consent à lire ces leçons.

Que l'on ne critique pas le style de ce petit
livre ; il n'a point l'ambition d'être une œuvre littéraire, mais une œuvre utile, et je ne

reculerai jamais devant des répétitions ou une phrase peu élégante, pour me faire comprendre clairement.

Si mes leçons obtiennent quelque succès, je me propose d'en publier de nouvelles sur les différents procédés que nous devons aux recherches incessantes des plus habiles photographes.

Dr J. FAU.

DOUZE LEÇONS

DE PHOTOGRAPHIE.

PREMIÈRE LEÇON.

Définition. — Divisions. — Choix du papier. — Cirage et Décirage.

L'action combinée de la lumière et de certaines préparations chimiques, produisant, en définitive, sur une feuille de papier, de verre, ou de toute autre substance, l'image d'un objet quelconque, voilà ce que l'on désigne plus particulièrement aujourd'hui par le terme : PHOTOGRAPHIE.

Le temps n'est pas bien éloigné où ce substantif deviendra la qualification générale de tous les procédés que l'on distinguera simplement par la désignation de la substance qui recevra l'épreuve ; on dira : Photographie sur plaques, sur verre, sur papier, etc. ; comme on dit : peinture sur toile , sur bois , sur cuivre , sur verre, etc. Ce sera fort clair, et la langue n'aura pas à souffrir de certains néologismes plus ou moins harmonieux dont on formerait déjà un assez curieux vocabulaire.

Dans ces leçons, je ne m'occuperai pas de la photographie sur plaqué d'argent , pour deux raisons : 1° les procédés opératoires de ce que l'on nomme parfois encore le Daguerréotype ou la Daguerréotypie , ont été décrits trop souvent et sont aujourd'hui assez connus, pour qu'il soit inutile d'en entretenir mes lecteurs ; 2° les progrès incessants de la Photographie sur papier ont porté un bien rude coup aux épreuves métalliques, et les amateurs abandonnent généralement ces dernières, pour s'occuper avec ardeur à produire ces belles images que l'on peut admirer sans fatigue et conserver dans un portefeuille.

C'est surtout pour les amateurs que je rédige ces leçons ; je dois en conséquence les consacrer entièrement au sujet qui leur offre le plus d'intérêt.

Je dirai, d'abord, que les divers procédés tendent tous à former à la surface ou dans l'épaisseur d'un corps, une couche *d'iodure d'argent*, composé essentiellement impressionnable à l'action lumineuse. Quelles que soient les substances introduites avec plus ou moins de discernement dans ces formules, quelle que soit la complication des macédoines alchimiques dont on vante chaque jour les merveilles, la seule, la véritable base des combinaisons impressionnables, est *l'iodure d'argent*.

Un des principaux avantages de la photographie sur papier, résulte précisément de l'obligation où l'on se trouve de faire une double opération pour obtenir une image qui reproduise fidèlement les objets dessinés dans la chambre noire. Cette double opération, considérée d'abord comme devant placer la photographie sur papier bien au-dessous du procédé sur plaqué d'argent, nous fournit les moyens de produire avec un type unique, un nombre illimité d'épreuves parfaitement identiques, et conséquemment, d'appliquer l'art nouveau à l'illustration des œuvres littéraires ou à créer des albums splendides que l'on peut livrer à un prix modique. Grâce aux persévérantes recherches de **M.** Niepce de Saint-Victor, cette double opération nous permettra de reproduire par la gravure les admirables productions de la lumière, et d'assurer ainsi leur durée dont le temps ne nous a pas encore permis d'acquérir la certitude.

Pour obtenir une épreuve sur papier, il faut donc faire d'abord une image que l'on nomme *négative*, faute d'une expression plus exacte.

Dans cette image, les points lumineux de l'objet sont traduits par des points opaques, et les parties plus ou moins obscures, par des teintes plus ou moins transparentes. Des cheveux blancs, par exemple, la façade blanche d'un édifice, produisent sur l'épreuve négative, des cheveux noirs, une façade noire, tandis que l'on y voit des habits blancs et des cheminées blanches, ou plutôt transparentes, lorsque l'appareil est braqué sur des vêtements noirs ou sur les tuyaux de tôle qui surmontent les toits.

J'ai dit que les objets paraissaient blancs ou plutôt transparents, parce que nous examinerons toujours l'image négative par transparence, puisque la lumière doit la traverser pour aller impressionner la feuille sensible dont il sera question plus tard. Nous verrons aussi qu'une image négative très faible, obtenue sur verre, vue directement et non par transparence, donne la reproduction exacte des objets, ou en d'autres termes, une *image positive*.

L'épreuve *négative* peut être produite sur une *plaque de verre* ou sur une *feuille de papier* (1).

La photographie sur papier présente donc naturellement deux divisions principales, basées sur la nature de la substance qui reçoit les combinaisons impressionnables. Dans la première se rangent les épreuves négatives ob-

____

(1) Nous n'avons pas à nous occuper ici des autres substances translucides ou opaques sur lesquelles il est possible de faire des épreuves négatives ou positives.

tenues *sur papier*; les épreuves négatives *sur verre* appartiennent à la seconde.

A la première division se rapportent deux procédés : le *procédé sec* et le *procédé humide*. Quant au verre, comme je ne dois parler que du collodion, et que les principaux avantages de cette substance tiennent à ce qu'on l'emploie *humide* (1), je me bornerai à faire remarquer qu'en modifiant quelque peu le procédé opératoire, on peut à volonté lui faire produire des épreuves *négatives* ou des épreuves *positives*.

A. Epreuves négatives sur papier sec. — Choix du papier.

Le papier préparé par les frères Canson, est celui que j'emploie de préférence pour faire des épreuves négatives, malgré les imperfections qu'il présente. C'est le moins cher, et on peut se le procurer facilement; mais il faut le choisir feuille par feuille, et dans ce triage on peut compter que, sur une main, on en rejettera environ la moitié, à cause des stries, des points

(1) Les essais nombreux que j'ai faits sur cette substance, m'ont donné la certitude de pouvoir bientôt l'employer *à sec*, en lui conservant tous les avantages qu'elle possède à l'état humide. Bien des fois déjà, on a annoncé qu'on avait découvert les moyens d'opérer sur collodion sec, mais j'avoue que jusqu'à ce jour je n'ai pas vu une seule épreuve obtenue de cette manière.

noirs ou transparents et des défauts d'homogé-
néité de la pâte, que l'on rencontre sur le plus
grand nombre des feuilles. Parmi tous ces défauts, ceux qui nuisent le moins, surtout pour
le paysage, sont les petites taches opaques,
parce qu'elles donnent sur l'épreuve positive
des points blancs que l'on peut faire disparaître
en retouchant à l'encre de la Chine, tandis que
les parties trop transparentes du papier négatif, produisent au tirage des taches noires qu'il
est beaucoup plus difficile et parfois même impossible d'enlever proprement.

Il faut donc choisir le papier en le regardant
par transparence, et lorsqu'on aura coupé un
certain nombre de feuilles de la grandeur convenable, les examiner successivement sur les
deux faces, pour reconnaître la plus lisse.
On fera alors sur la face opposée et dans un
des angles, une petite marque au crayon, qui
désignera l'envers de la feuille. L'emploi de
l'envers ou de l'endroit du papier est moins
important pour les épreuves négatives que pour
les positives, cependant, comme on obtient
plus de finesse dans le dessin lorsqu'on oppose à la lumière la face la plus lisse de la
feuille, il est toujours préférable de se conformer
aux prescriptions qui précèdent.

Cirage du papier.

Le papier choisi, il faut l'imprégner de cire,

et de tous les procédés mis en usage, voici celui qui donne les meilleurs résultats.

Sur un trépied de métal, on place une bassine de fer, de zinc ou de cuivre, que l'on remplit à moitié d'eau. Une autre bassine plus grande mais beaucoup moins profonde, en doublé d'argent, est placée sur la première. L'eau est mise en ébullition au moyen d'une lampe à l'alcool posée sous le trépied, et deux ou trois pains de cire vierge sont placés dans la bassine de plaqué. La cire entre bientôt en fusion, et lorsqu'elle est entièrement liquéfiée, il faut saisir une feuille de papier par les deux angles d'un des petits bords, la poser par le bord opposé et l'abattre doucement sur la cire en chassant devant elle les bulles d'air et de vapeur qui pourraient s'interposer à la feuille et à la substance en fusion. Lorsque le papier est en contact avec la cire, excepté du petit côté qui réunit les deux angles par lesquels on a saisi la feuille, on le tire à soi en le traînant sur le bord de la bassine, pour y faire retomber l'excédant de cire qui ne servirait qu'à former des amas inutiles et à rendre plus longue l'opération du décirage. Enfin on soulève la feuille et on la fait égoutter, puis on passe à une seconde, et ainsi de suite jusqu'à ce qu'on en ait préparé un nombre suffisant.

Décirage du papier.

Prenez un cahier de papier buvard rose (1) coloré dans la pâte, placez entre les deux premières feuilles un de vos papiers cirés, la cire en dessus et recouvert d'une feuille de même papier non ciré ; passez sur le buvard un fer à repasser que vous promènerez plus ou moins vivement, selon qu'il sera plus ou moins chaud. La cire entrera bientôt en fusion, pénétrera la feuille non cirée, et fort souvent cette opération vous donnera deux feuilles cirées au lieu d'une seule. Mais dans le cas où la seconde feuille ne serait pas complètement imprégnée de cire, vous la mettriez de côté pour la soumettre avec une nouvelle feuille à l'action du fer chaud.

Mais revenons à la feuille principale. Après l'avoir placée entre deux feuilles propres du buvard, on la repasse de nouveau et on continue l'opération jusqu'à ce qu'elle présente par transparence un aspect parfaitement uniforme. On peut ainsi préparer, en quelques heures, un assez grand nombre de feuilles qu'il faut conserver dans un carton en évitant surtout de les froisser, car le papier ciré devient

(1) Ce papier coloré est préférable au buvard blanc, parce qu'on distingue de suite les petits fragments qui s'attachent au papier ciré et dont il faut le débarrasser avec soin.

cassant, et chaque pli produit une tache opaque indélébile qui se traduirait sur l'épreuve par une tache blanche.

On construit dans le département du Nord et en Angleterre, des fers à repasser creux dans lesquels se loge une masse de fonte rougie au feu. Ces fers conservent long-temps le calorique, sont toujours propres, et pourvu qu'on ait à sa disposition deux masses de fonte, dont l'une soit sur le feu tandis qu'on se sert de l'autre, l'opération du décirage peut être continuée sans interruption. Il existe aussi des fers creux dont les parois latérales sont à jour, et dans lesquels on introduit de la braise allumée. Il serait facile d'imaginer plusieurs autres procédés pour cirer les feuilles, ainsi que nous le verrons plus loin, mais celui que je viens de décrire est le plus sûr et n'expose jamais l'opérateur à altérer le papier.

Lorsqu'on part pour une excursion photographique, il faut toujours emporter une assez grande provision de papier ciré. On en trouve aujourd'hui dans le commerce, mais je conseille à mes lecteurs de ne pas se laisser aller à une mauvaise tentation de paresse, et à faire toutes leurs préparations eux-mêmes ; ils y trouveront économie et plus de certitude de succès.

DEUXIÈME LEÇON.

Iodurage du papier.

Avant d'indiquer les formules des différentes préparations photographiques, je dois avertir mes lecteurs que pour leur éviter des pesées longues et fastidieuses, j'ai adopté l'emploi d'une mesure graduée en centimètres cubes correspondant au gramme d'eau distillée. Ainsi, lorsque j'indiquerai l'emploi de un gramme d'un liquide quelconque, j'entendrai par là un centimètre cube de ce liquide, quel que soit son poids réel.

Préparation du bain N° 1, à l'iodure d'ammoniaque.

Le premier bain dont nous ferons usage, est composé de :

Eau distillée.	250 gr.
Iodure d'ammoniaque.	10
Miel blanc, 1 cuillerée à café.	

Faites dissoudre l'iodure d'ammoniaque dans la moitié de l'eau et le miel dans l'autre moitié, puis mêlez les deux solutions et vous aurez un liquide jaune citron que vous filtrerez au papier.

Iodurage.

Versez dans une cuvette de porcelaine, une quantité de ce bain, n° **1**, suffisante pour la remplir à moitié; prenez une feuille de papier cirée par les deux angles d'un des petits côtés et appliquez-la sur le liquide, par le bord opposé, l'endroit en dessous; abaissez-la lentement en chassant le liquide devant elle. Aussitôt que la feuille sera appliquée entièrement sur le bain, prenez deux petits pinceaux à aquarelle et passez-les vivement sur les quatre bords du papier, pour faire revenir le liquide sur sa face supérieure, puis imprimez à la cuvette un mouvement de rotation alternatif de droite à gauche et de gauche à droite, de manière à immerger entièrement la feuille, qui prendra, peu à peu, une teinte grise ardoisée plus ou moins foncée.

Si vous apercevez, par transparence, à la surface inférieure du papier, des points blancs dus à la présence de bulles d'air, il faut chasser celles-ci avec les pinceaux et les faire ressortir par le bord le plus voisin.

Lorsque la feuille est d'abord placée sur le liquide et qu'on fait usage des pinceaux pour faire plonger les bords dans l'iodure, il arrive quelquefois que cette substance rejaillit en gouttelettes sur la face supérieure de la feuille qui présente alors des taches grises dans les points correspondants; mais ces taches ne tardent pas à disparaître et se fondent dans la teinte générale, aussitôt que le liquide recouvre entièrement le papier.

On plonge de la même manière et successivement, dans ce bain, quinze ou vingt feuilles, et on les y laisse séjourner un quart d'heure au moins, deux heures au plus. Lorsqu'on n'est pas trop pressé, et c'est ce qu'il faut éviter autant que possible dans les opérations photographiques, il vaut mieux laisser le papier tremper pendant deux heures; l'imprégnation ou plutôt la saponification produite par l'action de l'iodure alcalin sur la cire, est plus parfaite et les résultats sont meilleurs.

Quand le papier a séjourné assez long-temps dans le liquide, on saisit avec des pinces de corne le paquet tout entier par deux angles et on le retourne, afin que la feuille inférieure immergée la première, se présente en dessus et soit retirée la première; puis, toujours avec les pinces, on soulève une feuille, on la fait égoutter et on la plonge aussitôt dans une cuvette pleine d'eau filtrée que l'on agite afin de recouvrir complètement le papier. Ce lavage est indispensable pour débarrasser la feuille de l'excédant d'iodure qui pourrait séjourner à sa surface et y former des taches en séchant. Lorsque tout le papier est transporté d'une bassine dans l'autre et après quatre ou cinq minutes de lavage, retournez encore le paquet et enfin retirez, l'une après l'autre, les feuilles que vous suspendrez en les fixant par un angle avec une épingle (1), au bord d'une planche ou sur des tringles de bois blanc mobiles, disposées à cet effet dans un coin du laboratoire, en observant toutefois de ne jamais suspendre les feuilles les unes au-dessus des autres, parce que les gouttes qui s'échapperaient des feuilles supérieures, formeraient des taches sur celles qui seraient placées au-dessous.

Le papier étant bien sec, on le renferme dans un carton où il peut être conservé indéfiniment ; on devra donc toujours avoir en réserve un certain nombre de feuilles iodurées à l'avance.

(1) Les épingles noires sont préférables aux épingles ordinaires ; ces dernières produisent parfois des taches. On évitera de faire usage pour le papier ioduré des mêmes épingles qui auront servi à suspendre des feuilles passées au nitrate d'argent, parce qu'elles donnent souvent lieu à la formation de traînées blanches qui partent de l'angle de la feuille et peuvent s'étendre assez loin.

TROISIÈME LEÇON.

Sensibilisation du papier ioduré. — Exposition à la chambre noire.

Ainsi que je l'ai déjà dit, la surface impressionnable est toujours, ou le plus généralement,
formée d'iodure d'argent. Nous avons déjà une
feuille de papier dans le tissu de laquelle nous
sommes parvenus à incorporer de l'iode ; il nous
faut maintenant combiner cet iode avec de l'argent, et c'est ce que nous allons faire au moyen
d'une double décomposition. Mais je prévien-
drai d'abord mes lecteurs que toutes les fois
qu'ils rencontreront le nitrate d'argent dans une
préparation, ils devront l'employer dans une
pièce éclairée seulement par une bougie.

Préparation du bain n° 2 à l'acéto-nitrate d'argent.

Dans : Eau distillée. . .	125 gr.
Faites dissoudre :	
Azotate ou nitrate d'ar-	
gent.	18 gr.
D'autre part, faites dis-	
soudre :	
Nitrate de zinc.	9 gr.
Dans : Eau distillée. . .	125 gr.
Mêlez les deux solutions	
et ajoutez :	
Acide acétique cristal-	
lisable.	9 gr.

Cet acéto-nitrate est d'autant meilleur qu'il est préparé depuis plus long-temps. On pourrait fort bien le conserver dans un flacon de verre blanc ; mais comme il est assez difficile d'éviter qu'il s'introduise dans le liquide quelques parcelles de substance organique dont l'effet serait de faire noircir le liquide sous l'influence de la lumière, il est préférable de le conserver dans un flacon de verre noir.

Versez dans une cuvette de porcelaine, une assez grande quantité de cet acéto-nitrate, prenez par deux angles une feuille de papier ioduré, et plongez-la dans le liquide en observant les mêmes précautions que j'ai indiquées en parlant de l'iodurage. Nous avons vu que pendant cette première opération, le papier passait peu à peu du blanc au gris ardoisé, et que les taches blanches indiquaient la présence des bulles d'air entre la feuille cirée et le liquide ; dans l'opération qui nous occupe actuellement, le papier passe du gris ardoisé au blanc le plus pur ; si des bulles d'air se forment sur le liquide, elles se trahissent par des taches noires, et cela se comprend sans peine, puisque ces bulles empêchent dans le point correspondant l'action de l'acéto-nitrate sur l'iode dont la feuille est chargée. Il faut donc les chasser avec soin à l'aide des pinceaux.

Dès qu'une feuille est immergée complètement, on en prépare de même une seconde, une troisième et ainsi de suite. Aussitôt que la dernière est devenue bien blanche, il faut retourner tout le paquet et enlever la première feuille, la faire égoutter, puis la plonger dans une bassine contenant de l'eau distillée que l'on agite pour bien laver le papier. Toutes les feuilles étant lavées de la sorte, retournez encore le paquet, égouttez chaque feuille et séchez-la le mieux possible dans un cahier de fort papier buvard. Placez-les toutes enfin entre les feuillets d'un cahier de buvard que vous renfermerez dans un carton. Elles se trouveront ainsi abritées contre l'action de la lumière et comprimées de manière à ne pouvoir ni goder ni se vriller.

Il est important de ne pas laisser séjourner les feuilles trop long-temps dans l'acéto-nitrate, car on a observé que sous l'influence de l'acide acétique, le papier devenait transparent et perdait alors une grande partie de sa sensibilité. On évitera cet accident en ne soumettant au bain d'acéto-nitrate, qu'une vingtaine de feuilles à la fois. Conservez dans un flacon l'eau qui aura servi à laver les feuilles, nous verrons bientôt qu'elle sera fort utile pour accélérer le développement de l'image.

Le bain n° 2 sert jusqu'à épuisement, pourvu qu'on ait la précaution d'y ajouter de temps en temps quelques cristaux d'azotate d'argent.

Ainsi préparé, le papier peut être employé de suite ou conservé pendant dix ou quinze jours, mais il sera d'autant plus impressionnable qu'il aura été exposé à la lumière à une époque plus rapprochée du jour de sa préparation.

Exposition à la chambre noire.

Pour faire une épreuve, il faut prendre dans le carton une feuille de papier préparé et la placer sur la glace antérieure du châssis, après avoir nettoyé cette dernière avec le plus grand soin, à l'aide d'un linge fin imbibé d'alcool. Par dessus le papier, mettez trois ou quatre feuilles de fort buvard, puis enfin la seconde glace et la planchette. Ouvrez ensuite le volet du châssis afin d'examiner si le papier est bien exactement appliqué sur la glace et pour en essuyer la face antérieure.

Lorsqu'on a refermé le châssis, tout est disposé pour faire une épreuve. Il est sans doute inutile de dire que toute cette partie de l'opération doit être faite dans une chambre éclairée par une bougie.

Pendant une excursion photographique, on est souvent fort embarrassé pour remplacer dans le châssis, la feuille impressionnée par une feuille nouvelle, car on n'emporte ordinairement avec soi que deux, ou tout au plus trois châssis garnis ; c'est pourquoi plusieurs personnes ont imaginé des châssis multiples, en d'autres termes, dans lesquels on peut renfermer un nombre plus ou moins considérable de feuilles préparées, qu'une disposition particulière amène successivement derrière la glace antérieure pour y recevoir l'impression lumineuse. Si l'on pouvait être bien certain de ne jamais commettre d'erreur en employant un de ces châssis, ce serait vraiment une conquête précieuse; mais je n'ai pas encore entendu dire que l'on soit parvenu à construire un appareil de ce genre qui offrît une complète sécurité. Jusqu'à ce qu'on ait résolu cet intéressant problème, je pense que le plus sûr est d'entourer le trépied qui supporte la chambre obscure, d'une étoffe noire doublée de jaune, traînant à terre et assez large pour que l'opérateur puisse s'envelopper entièrement et changer ses feuilles à l'abri de la lumière. Si la trop grande obscurité empêchait qu'on distinguât suffisamment les objets, on pourrait pratiquer une ouverture dans cette espèce de tente, et la garnir d'un verre jaune orangé.

La durée de l'exposition dans la chambre-noire, variera suivant que la lumière sera plus vive, les objets plus blancs, que l'objectif donnera plus ou moins de rapidité, et qu'on fera usage d'un diaphragme plus ou moins étroit. Avec un objectif combiné de M. Charles Chevalier et le diaphragme ordinaire pour paysages, lorsque le soleil éclaire vivement les objets, on obtient l'image d'un monument ou d'une perspective où il ne se trouve point de végétation, en une minute au plus en été. L'exposition devra être prolongée parfois jusqu'à un quart d'heure, lorsqu'on fera des études d'arbres ou des paysages dans lesquels domineront les massifs verts. On ne saurait poser aucune règle précise à cet égard, l'expérience seule servira de guide.

Quand on juge que l'exposition a duré assez long-temps, on ferme le volet, on enlève le châssis et on le porte dans le laboratoire pour faire paraître l'image; car ici, comme dans tous les procédés photographiques, la couche impressionnable, modifiée par l'action lumineuse, ne présente aucune trace de l'image dont l'apparition est déterminée par de nouvelles réactions chimiques dont je vais m'occuper dans la prochaine leçon.

QUATRIÈME LEÇON.

Apparition de l'image, fixage de l'épreuve.

Préparation du bain d'acide gallique, nº 3.

Faites dissoudre :

Acide gallique. . . . .   3 gr.
Dans eau distillée.   1000

Versez dans une bassine soixante grammes de ce liquide auquel vous ajouterez de dix à quinze grammes de l'eau qui a servi à laver les feuilles dans l'opération précédente et qui a conséquemment retenu une certaine quantité d'acéto-nitrate (1). Mêlez bien les deux liquides, et après avoir retiré la feuille du châssis, appliquez-en la face impressionnée sur le bain nº 3, puis retournez-la pour mettre sa face opposée en contact avec le liquide ; agitez la bassine jusqu'à ce que la feuille de papier soit recouverte de toutes parts. Au bout de huit à dix minutes,

(1) Si l'on manquait d'eau de lavage, on en préparerait en mêlant cinq grammes du bain d'acéto-nitrate à cent cinquante grammes d'eau distillée.

quelquefois plus tôt, vous commencerez à distinguer les premières traces de l'image qui se développera progressivement.

Si le liquide noircissait, et dans le cas où il se formerait un précipité brun au fond de la bassine, il faudrait retirer l'épreuve et la porter dans de l'acide gallique contenant une plus faible quantité d'eau de lavage, sans quoi l'on s'exposerait à voir le papier prendre une teinte brune et un aspect granulé qu'il serait impossible de faire disparaître.

Durée de l'exposition à la chambre noire.

J'ai déjà dit qu'il était bien difficile, pour ne pas dire presque impossible, de préciser la durée de l'exposition à la chambre noire ; elle est soumise à trop de circonstances pour qu'on puisse donner à ce sujet des indications certaines ; mais il est des signes auxquels on reconnaît que cette exposition a été trop ou pas assez prolongée ; ils nous fournissent donc les moyens de vérifier expérimentalement si l'excès est en plus ou en moins et, par conséquent, d'obtenir de suite plusieurs bonnes épreuves, une fois qu'on a fait les premiers essais.

Quand le papier impressionnable a séjourné trop long-temps dans la chambre noire, les premiers linéaments de l'image se montrent avec une grande rapidité, mais l'épreuve ne tarde pas à prendre une teinte grisâtre et quelquefois même le dessin disparaît sous un voile plus ou moins épais. Cependant, il faut se tenir en garde contre un accident qui pourrait induire en erreur à ce sujet. Nous avons vu qu'il se forme souvent dans le liquide un précipité noirâtre dont une partie tombe au fond de la bassine, tandis que l'autre se dépose sur la feuille de papier et lui donne l'aspect grisâtre des épreuves trop fortement impressionnées par la lumière ; mais en passant un pinceau sur les feuilles ainsi voilées, on enlève le précipité et l'image reparaît aussitôt.

Dans le cas où l'action lumineuse serait insuffisante, l'image ne commencerait à se dessiner qu'après un assez long temps, les parties lumineuses seules seraient nettement accusées et les détails se montreraient à peine. En prolongeant l'immersion du papier dans l'acide gallique, on ne tarderait pas à le voir jaunir, se tacher et prendre cet aspect grenu sur lequel j'ai déjà appelé l'attention du lecteur.

Une épreuve formée dans les meilleures conditions, ne paraîtra ni trop vite, ni trop lentement, presque toutes les parties du dessin se montreront simultanément ; les lumières, vigoureuses ; les demi-teintes, avec leurs valeurs relatives ; le liquide ne brunira point et ne contiendra aucun précipité, sinon vers la fin de l'opération. C'est surtout en regardant l'épreuve par transparence, qu'on reconnaîtra l'harmonie de l'ensemble, la netteté des contours et surtout la blancheur des portions de la feuille qui devront fournir les noirs de l'image positive.

Je recommanderai à mes lecteurs de ne pas oublier cette règle générale : « Ne cherchez jamais à faire apparaître l'image trop rapidement ; c'est en se hâtant que l'on fait des épreuves sales et manquant de transparence. »

Il ne faut donc pas forcer la dose d'eau de lavage, ni employer une solution trop chargée d'acide gallique ; quelques personnes suppriment même l'eau de lavage, et l'on fera bien de suivre leur exemple toutes les fois qu'on ne pourra surveiller assidûment les progrès de l'épreuve. Avec l'acide gallique seul, on ne risque pas de tacher ou de jaunir le papier négatif, et l'on a vu parfois des épreuves qui tardaient long-temps à paraître et que l'on abandonnait le soir dans la bassine, se développer pendant la nuit et se montrer le lendemain parfaitement propres et bien terminées. Dans le but d'accélérer le développement de l'image, on a conseillé d'employer la solution d'acide gallique tiède ou de chauffer la bassine dans laquelle trempe la feuille de papier ; il est bien vrai que l'opération marche plus vite, mais aussi elle marche presque toujours plus mal , et il est rare que le papier ne devienne pas jaune.

Fixage de l'épreuve, bain n° 4.

Aussitôt que l'épreuve aura pris toute la vi-

3 *

gueur nécessaire, retirez-la de la bassine pour
la plonger dans l'eau où elle devra tremper
durant environ cinq minutes, pendant lesquelles vous agiterez le liquide de temps en
temps. Portez-la ensuite dans le bain suivant :

Eau filtrée. . . . .   100 gr.
Hyposulfite de soude. . .   15

et lorsqu'elle y aura séjourné quinze ou vingt
minutes, lavez-la à grande eau et laissez-la dégorger pendant quatre ou cinq heures dans ce
liquide que vous renouvellerez cinq ou six fois.
Enfin, faites égoutter la feuille et séchez-la dans
le buvard.

Décirage.

En regardant par transparence une épreuve
négative bien sèche, vous remarquerez que le
papier présente un aspect granuleux très pro-
noncé, surtout dans les demi-teintes et dans les
parties transparentes ; placez-la entre deux feuilles de papier lisse et repassez-la avec un fer
modérément chaud. Vous lui rendrez ainsi une
transparence parfaite en même temps que vous
enlèverez la cire surabondante dont le premier
décirage n'aurait pas complètement débarrassé
la feuille.

L'épreuve négative est maintenant terminée ;

conservez-la dans un carton en évitant surtout de la froisser.

Nous venons de nous servir d'une solution d'hyposulfite de soude pour fixer l'image ; je ne tardérai pas plus long-temps à prévenir mes lecteurs que, dans toutes les opérations photographiques, ils devront apporter la plus grande attention à éviter que cette substance vienne en contact avec les bains ou les feuilles préparées, sous peine de voir manquer toutes leurs expériences. Si l'on touchait la solution avec les doigts, il faudrait se laver les mains avant de continuer les opérations.

CINQUIÈME LEÇON.

B, Papier humide non ciré. — Iodurage et sensibilisation du papier.

Préparation du bain d'iodure d'ammoniaque.

Le bain d'iodure d'ammoniaque ne diffère de celui que l'on emploie pour le papier ciré, qu'en ce qu'on y ajoute deux cuillerées de miel ; pour éviter toute erreur, j'en donnerai de nouveau la formule :

Eau distillée. . . . . . . 250 gr.
Iodure d'ammoniaque. . 10
Miel blanc. — Trois cuillerées à café.

Choisissez avec le plus grand soin les feuilles de papier négatif dont vous voulez faire usage, et plongez-en dans ce bain une vingtaine successivement et avec toutes les précautions que j'ai indiquées pour le papier ciré. Le papier prendra dans ce liquide une teinte jaune-brun. Lorsqu'il y aura séjourné pendant environ un quart d'heure, retournez le paquet, retirez les feuilles les unes après les autres, égouttez-les, et quand vous les aurez lavées rapidement, faites-les sécher en les suspendant par un angle au moyen d'une épingle noire.

On pourrait, au besoin, sécher le papier au buvard pour le soumettre de suite au bain d'acéto-nitrate; mais il est rare qu'en suivant cette marche, on ne tache pas toutes les épreuves; le premier procédé est donc bien préférable.

Le papier ioduré sec peut être conservé indéfiniment dans un carton. Quand on veut le rendre impressionnable, on le traite absolument comme le papier ciré, dans le bain composé de:

Eau distillée.	250 gr.
Nitrate d'argent.	18
Nitrate de zinc.	9
Acide acétique.	9

Mais ici, comme le papier doit être employé humide, on ne prépare qu'une feuille à la fois. Aussitôt que cette feuille a repris toute sa blancheur, il faut l'égoutter, la sécher au buvard et la placer de suite entre les glaces du châssis. Si l'on avait à prendre une vue située à quelque distance du lieu où l'on a préparé la feuille, il faudrait placer derrière celle-ci une feuille de papier ordinaire trempée dans l'eau distillée et passée une seule fois au buvard, afin de conserver au papier préparé l'humidité à laquelle il doit principalement sa grande sensibilité; mais j'engage fortement mes lecteurs à ne faire usage que du papier ciré pour les vues, et de réserver le papier humide pour les portraits destinés à la retouche et pour quelques groupes d'objets d'art. Dans ces deux cas, l'emploi de la deuxième feuille humide devient complètement inutile, puisque l'on se sert de suite de la feuille préparée.

Avec le papier humide, un bel éclairage et un objectif à court foyer et à large ouverture, on fait le portrait en un laps de temps qui varie de quatre à dix secondes.

Avant d'aller plus loin, je dirai que l'on peut substituer l'iodure de potassium à dose égale, à l'iodure d'ammoniaque, dans le premier bain ; il faut alors supprimer le nitrate de zinc dans le bain n° 2. Quelquefois même on retranche aussi le miel blanc ; néanmoins, je me suis toujours bien trouvé de son emploi. L'iodure de potassium donne moins de rapidité que l'iodure d'ammoniaque, mais les épreuves ont souvent plus de vigueur, c'est ce qui m'a engagé à indiquer cette modification.

Si l'on était très pressé et qu'on n'eût pas à sa disposition du papier ioduré, on pourrait faire de suite toutes les préparations de la manière suivante :

Après avoir laissé séjourner le papier dans le bain d'iodure pendant quatre minutes, on le sèche au buvard jusqu'à ce qu'on ne voie plus à sa surface aucune trace du liquide ; aussitôt, on le porte dans le bain d'acéto-nitrate, où il

doit rester plongé tant qu'il n'a pas repris toute
sa blancheur. On l'emploie ensuite comme je
l'ai déjà dit plus haut. Il est rare que le papier
préparé de cette manière ne donne pas des
épreuves tachées, et cet accident serait encore
plus à craindre si, à l'exemple de quelques
photographes, on plaçait le papier sur la glace
du châssis sans le passer préalablement au
buvard.

SIXIÈME LEÇON.

Développement, fixage et cirage de l'épreuve.

La solution d'acide gallique doit être beaucoup plus faible pour développer convenablement l'épreuve faite sur papier humide que celle obtenue sur papier ciré sec. La meilleure proportion est la suivante :

Eau distillée.	1,000 gr.
Acide gallique.	1 gr.

La feuille de papier retirée du châssis, est posée par sa face impressionnée sur cette solution ; il faut éviter de laisser se former des bulles entre le liquide et l'épreuve. On l'applique ensuite sur le bain par la face opposée, avec les mêmes précautions, et à l'aide d'un petit mouvement imprimé à la bassine, on fait revenir le liquide sur la feuille.

L'image se développe quelquefois avec une grande rapidité ; mais les blancs ou parties transparentes jaunissent ou prennent un ton grisâtre avant que l'ensemble de l'épreuve ait assez de vigueur. Je préfère voir l'image se montrer lentement ; presque toujours alors on est sûr d'obtenir un excellent résultat. Dans le premier cas, l'exposition à la chambre obscure a été trop prolongée, dans le second, elle a duré le temps convenable. Il peut arriver aussi que l'action lumineuse ne soit pas suffisante, alors les parties les plus vigoureuses du dessin apparaissent, mais les détails ne se montrent que très lentement, et encore à peine ont-ils pris un peu de force, que les blancs commencent à se salir, signe infaillible de l'imperfection de l'épreuve.

Je le répète, pour qu'une épreuve négative donne de bons résultats, il faut que l'image puisse se développer complètement sans que les blancs perdent de leur transparence.

Aussitôt qu'on juge convenable d'arrêter l'opération, il faut laver la feuille, la faire tremper dans la solution d'hyposulfite à 10/100, pendant environ une demi-heure, en la surveillant toutefois, pour éviter que l'hyposulfite fasse disparaître les finesses des détails, puis on la fait dégorger dans l'eau pendant quatre ou cinq heures en ayant toujours soin de changer le liquide toutes les heures. Enfin, après un dernier lavage à grande eau, l'épreuve sera séchée au buvard.

Il est maintenant nécessaire de cirer le papier pour lui donner plus de transparence et en faire, autant que possible, disparaître le grain dont l'image positive conserverait les traces. Plusieurs procédés peuvent être mis en usage pour faire cette opération. Le premier qui se présente naturellement à l'esprit, est celui que j'ai indiqué pour la préparation du papier ciré ; mais il est trop lent, et d'ailleurs on réussit fort bien et avec plus de rapidité, en passant un pain de cire vierge sur la face inférieure d'un fer chaud bien propre que l'on promène ensuite à plusieurs reprises sur l'envers de l'épreuve. Quand celle-ci est bien imprégnée de cire, on la décire entre deux feuilles de buvard, et en dernier lieu entre deux feuilles de papier lisse. On peut encore gratter de la cire sur l'envers de l'épreuve, la placer entre deux feuilles de papier mince, la repasser avec le fer et, en définitive, enlever la cire surabondante. L'épreuve négative est alors terminée et prête à donner des images positives.

SEPTIÈME LEÇON.

Préparation du coton azotique et du collodion.

En commençant cette leçon, je ne puis m'empêcher de déclarer franchement que de toutes les préparations imaginées par les photographes, le collodion est celle qui réunit le plus de qualités mais dont l'emploi offre le plus de difficultés. Rapidité d'exécution, finesse extrême des détails, diaphanéité parfaite, voilà pour les qualités; si nous examinons maintenant le mauvais côté de cette substance, nous trouverons une instabilité parfois désespérante, que l'on serait tenté d'attribuer au caprice et qui trouble si souvent la satisfaction qu'éprouvent les photographes en contemplant une belle épreuve négative. Quoi qu'il en soit, jusqu'à ce que l'on ait découvert une autre substance douée des précieuses qualités du collodion, mais exempte de ses imperfections, il faut lui passer ses caprices et tâcher de le prendre le plus souvent possible dans ses jours d'humeur égale.

On a modifié de mille manières la préparation de cet agent impressionnable, et cela, pour arriver toujours au même résultat, c'est-à-dire à la formation de l'iodure d'argent; mais la seule différence réelle qu'on doive établir entre les formules, est basée sur la présence ou l'absence de l'iodure d'argent dans le collodion. Ici, comme presque toujours, c'est la préparation la plus simple qui donne les résultats les plus constants. On ne peut nier que le collodion chargé d'iodure d'argent, soit plus sensible à l'action lumineuse que le collodion à l'iodure de potassium ou d'ammoniaque; mais il faut avouer aussi que la présence de l'iodure d'argent est une source intarissable d'accidents auxquels il n'est pas toujours facile d'obvier. Cependant je donnerai les deux formules, parce qu'il est des circonstances où la rapidité d'exécution est la première condition que l'on doive rechercher, et d'ailleurs, on fait encore avec le collodion à l'iodure. d'argent, un assez grand nombre de belles épreuves, pour se dédommager amplement de quelques insuccès.

Dans cette leçon, je traiterai du *collodion simple*, du *collodion à l'iodure de potassium*, et du *collodion à l'iodure d'ammoniaque et d'argent*.

Mais je dois d'abord indiquer la meilleure manière de préparer le *coton azotique* ou *coton poudre*, qui est la base du collodion (1).

---

(1) J'emprunte cette préparation à l'excellente brochure publiée par **M.** le professeur Martin, sous le titre : *Photographie nouvelle.*

Dans un flacon à large col, bouché à l'émeri, introduisez deux cents grammes d'acide sulfurique et cent grammes de nitrate de potasse pulvérisé ; agitez le flacon jusqu'à ce que le mélange prenne une consistance sirupeuse bien homogène. Ajoutez alors par petites portions, cinq grammes de beau coton cardé et agitez chaque fois le flacon afin de mouiller complètement la portion que vous venez d'ajouter. Quand tout le coton est introduit, bouchez le flacon, laissez reposer la préparation pendant cinq minutes, puis versez subitement tout le contenu du flacon dans une grande terrine pleine d'eau. Lavez le coton avec soin, et quand vous ne sentirez plus sous les doigts le sel de potasse, serrez le coton dans vos mains, de manière à en exprimer tout le liquide ; lavez-le huit ou dix fois à grande eau et en changeant chaque fois le liquide, tordez le coton, comprimez-le dans un linge, étendez-le en éventail et suspendez-le à une corde avec une épingle façonnée en crochet. Il faut surtout insister sur le lavage, car si le coton n'est pas parfaitement débarrassé des substances qui ont servi à le préparer, il ne vaudra rien et se dissoudra mal dans le mélange d'éther et d'alcool.

Comme il pourrait arriver qu'on n'eût pas toujours à sa disposition du beau coton cardé, je crois devoir transcrire ici le procédé imaginé par **M. Maxwell Lyte**, qui remplace le coton par le papier joseph.

Dans un flacon à large ouverture et bouché à l'émeri, faites un mélange de :

Acide sulfurique. . . .	pes. spécif. 1,600	}	parties
Acide nitrique incolore	» » 1,500	}	égales.

introduisez par fragments et peu à peu dans ce liquide, autant de papier joseph qu'il pourra en recouvrir, agitez, bouchez le flacon et laissez reposer la préparation toute la nuit. Lavez à grande eau, exprimez, séparez les morceaux de papier, et faites-les sécher.

A. Préparation du collodion simple.

Il est indispensable d'avoir toujours à sa disposition un flacon de collodion simple ; en conséquence, on en préparera une quantité plus grande que celle dont on a besoin pour composer la substance impressionnable.

Dans :
Éther sulfurique pur. . .	120 gr.

Faites dissoudre le plus exactement possible :
Coton azotique.	2 gr.

Puis ajoutez :
Alcool à 36°.	60 gr.

Agitez le flacon jusqu'à ce que le coton soit entièrement dissout.

B. Collodion à l'iodure d'ammoniaque.

Faites dissoudre :
Iodure d'ammoniaque. ..   2 gr.
Dans :
Alcool à 36°.   20
Et versez cette solution
dans :
Collodion simple. . . . .   180 gr.

Agitez le flacon, et laissez reposer pendant vingt-quatre heures. Décantez et conservez la préparation dans des flacons d'environ cent grammes bouchés à l'émeri. On peut doubler ou tripler les diverses doses que je viens d'indiquer, mais j'engage fortement mes lecteurs à ne jamais préparer une trop grande quantité de collodion ; ils s'exposeraient à des déceptions s'ils espéraient conserver toujours cette substance dans le même état.

C. Collodion à l'iodure d'argent.

N° 1. Dans une petite quantité d'alcool, faites dissoudre de l'iodure d'ammoniaque jusqu'à ce que le liquide reste trouble, et laissez reposer cette *dissolution alcoolique saturée d'iodure d'ammoniaque*, pendant que vous ferez la préparation suivante :

N° 2. Faites dissoudre quelques cristaux de nitrate d'argent dans environ trente grammes d'eau distillée; dans cette dissolution, projetez, par petits fragments, de l'iodure de potassium. Aussitôt il se formera un précipité abondant d'iodure d'argent. Pour acquérir la certitude d'avoir obtenu tout l'iodure que pouvaient former les deux corps mis en présence, il faut laisser reposer la préparation pendant cinq minutes, décanter dans un autre vase une petite portion du liquide qui surnage, et y jeter un petit cristal d'iodure de potassium; s'il ne détermine pas de précipité, la combinaison a été entièrement effectuée; si, au contraire, le liquide se trouble encore, il faudra ajouter à la préparation quelques fragments d'iodure de potassium. Il pourrait arriver aussi que l'on ajoutât trop d'iodure de potassium à la solution de nitrate d'argent; dans ce cas, le précipité qui se formerait d'abord, serait dissous par l'excès d'iodure et le liquide reprendrait sa limpidité. L'addition de quelques cristaux de nitrate d'argent fera immédiatement reparaître le précipité.

Laissez reposer la préparation pendant environ vingt minutes, après l'avoir vivement agitée avec une baguette de verre; tout l'iodure d'argent formé tombera au fond du vase; décantez le liquide, ajoutez trente grammes d'eau, agitez comme vous l'avez déjà fait, laissez reposer encore pendant vingt minutes, décantez de nouveau et versez sur l'iodure une certaine quantité d'alcool. Lavez bien le précipité dans ce liquide, faites reposer une troisième fois pendant vingt minutes, décantez et enfin ajoutez de l'alcool dans lequel vous conser- verez le précipité abrité contre une lumière trop vive. Au bout de quelques heures, vous trouverez tout l'iodure tombé au fond du vase et l'alcool parfaitement limpide. .

3° Dans un flacon de la contenance d'environ deux cents grammes, introduisez une quantité quelconque d'iodure de potassium, et remplis- sez presque entièrement le flacon d'alcool. Faites chauffer de l'eau dans un vase, sur la lampe à esprit-de-vin, débouchez le flacon et placez-le dans ce bain-marie. De temps en temps retirez-le du bain pour l'agiter vivement après l'avoir bouché.

Si tout l'iodure de potassium venait à se dis- soudre, il faudrait en ajouter une nouvelle quantité. Au bout d'une demi-heure environ, l'alcool aura dissout autant d'iodure qu'il peut en dissoudre, et la préparation sera prête à être employée aussitôt qu'elle sera refroidie. Il doit toujours rester une certaine quantité d'iodure au fond du flacon, et en ayant soin d'ajouter de l'alcool à mesure qu'on fait usage de la solu- tion, et de l'iodure lorsque tout celui que con- tient le flacon vient à se dissoudre, on aura toujours une *solution alcoolique concentrée d'iodure de potassium*.

Après avoir décanté l'alcool dans lequel vous conservez l'iodure d'argent (n° **2**), faites tomber dans un verre à expériences, une petite quantité de cet iodure et ajoutez-y, goutte à goutte, de la solution alcoolique d'iodure d'ammoniaque (n° 1) en remuant toujours le mélange avec une baguette de verre. Bientôt, il commencera à s'éclaircir, et dès qu'il ne paraîtra plus que très faiblement trouble, vous cesserez d'y verser de l'iodure d'ammoniaque et vous aurez terminé la préparation de l'*iodure d'argent et d'ammoniaque*.

Prenez maintenant cent quatre-vingts grammes de collodion simple (**A** page **42**), ajoutez-y deux grammes d'iodure d'argent et d'ammoniaque, et agitez le flacon. Le mélange se trouble bientôt, et au bout de quelques minutes il prend un aspect laiteux. Pour lui rendre sa transparence, versez-y, dix grammes par dix grammes, de la solution alcoolique saturée d'iodure de potassium (n° 3), agitez le liquide après chaque addition de cette substance et peu à peu vous le verrez s'éclaircir. Ordinairement trente grammes de la solution suffisent pour lui rendre une transparence suffisante, le repos fera le reste. Au bout de vingt-quatre heures, ce collodion est parfaitement limpide et l'on peut s'en servir aussitôt qu'on l'aura décanté.

On a prétendu que les collodions contenant de l'iodure d'argent étaient altérés par les rayons lumineux ; je ne m'en suis jamais aperçu ; en tous cas, comme il est facile de les mettre à l'abri de la lumière, j'engage mes lecteurs à prendre cette précaution jusqu'à ce que l'expérience en ait démontré l'inutilité.

Tous les collodions, en général, doivent être conservés dans des flacons d'environ cent à cent vingt grammes et dans un endroit frais.

Quand on est obligé de laver les flacons à l'eau, il faut les rincer, en dernier lieu, avec un peu d'alcool et même y passer quelques gouttes d'éther.

HUITIÈME LEÇON.

Nettoyage des plaques de verre; procédés à suivre pour étendre la couche de collodion et la rendre impressionnable à la lumière.

Le nettoyage des plaques de verre est une des opérations que l'on doit faire avec le plus de soin ; de la propreté de la glace dépend en grande partie la parfaite réussite de l'épreuve, et cela est vrai surtout pour les épreuves positives directes.

Voici le moyen le plus simple de nettoyer la surface du verre et de la mettre en état de recevoir une couche uniforme de collodion :

Sur une feuille de papier blanc bien propre, posez la glace et projetez à sa surface quelques gouttes d'un mélange de tripoli extrà-fin ou de terre pourrie et d'alcool. Ce mélange doit être contenu dans un flacon fermé par un bouchon de liége sur la circonférence duquel on pratique une petite entaille pour donner passage au liquide sans qu'il soit nécessaire de déboucher le flacon. Agitez ce dernier avant de jeter le liquide sur la plaque, afin de mêler, le plus exactement possible, le tripoli à l'alcool, de manière à former une espèce de bouillie. Avec un linge bien propre, étendez celle-ci en frot-

tant toujours circulairement et en insistant sur
les bords du verre jusqu'à ce qu'il ne reste plus
que du tripoli sec à la surface de la plaque;
versez alors une nouvelle quantité du mélange
sur la face opposée et frottez-la comme je l'ai
déjà dit, puis, avec un linge bien sec, enlevez
exactement tout le tripoli. Fixez cette face sur
une petite planchette de bois munie d'un manche et aux quatre angles de laquelle vous aurez, d'avance, fait adhérer de petits cônes de
cire à modeler. Recommencez maintenant le
nettoyage ainsi qu'il est décrit plus haut, et
lorsque tout le tripoli aura été enlevé par le
linge sec, terminez le nettoyage avec une peau
de daim fine, bien lavée et parfaitement sèche.
Si la vapeur de l'haleine, condensée sur la plaque, n'y fait apparaître aucune strie longitu-
dinale ou circulaire et forme un voile bien
uniforme, vous en concluerez que la plaque est
bien nette et il suffira de faire évaporer ce
voile en agitant la glace, puis de donner un
dernier coup avec la peau, pour que la surface
soit prête à recevoir le collodion. Dans le cas
contraire, nettoyez-la de nouveau avec le tripoli.

Quand la glace a déjà servi, vous la ferez
d'abord tremper dans l'eau, et vous enlèverez
le plus exactement possible la couche de collodion. Cette substance adhère quelquefois très-
fortement au verre, dans ce cas, on ne l'enlève bien qu'à l'aide d'une petite quantité de

collodion ; on réserve pour cet usage les ré-
sidus que l'on trouve dans les flacons après
avoir décanté cette substance. Le collodion enlevé, versez sur la plaque un mélange à **10/100**
d'acide azotique et d'eau avec addition de tripoli, et frottez en tous sens les deux côtés de la
glace avec un tampon de linge. Procédez ensuite ainsi qu'il a été dit ci-dessus.

Avant de verser le collodion sur la plaque,
passez-y un blaireau doux consacré exclusive-
ment à cet usage, pour enlever la poussière qui
retombe à sa surface ou qu'y attire l'électricité
développée par le frottement. Si vous négligiez
de prendre cette précaution, vous vous expo-
seriez à faire une épreuve toute couverte de
petites taches.

Saisissez la poignée du support avec la main
gauche et le flacon de collodion de la droite.
N'oubliez pas, après avoir débouché le flacon,
de nettoyer le bord du goulot où se forment
toujours des pellicules de collodion qui, entraî-
nées sur la glace, produiraient infailliblement
des taches.

Inclinez diagonalement la plaque de manière
que le liquide soit entraîné à la fois vers le bord
le plus rapproché de vous et vers le bord gauche. Versez le collodion sans intermittence en
tenant le goulot tout près de la glace ; au moyen
d'un petit mouvement de la main, faites cou-
ler le liquide vers l'angle gauche supérieur, sans
toutefois qu'il cesse de marcher vers le bord

inférieur. Lorsque le liquide est arrivé près de ce bord, inclinez un peu la plaque pour le diriger vers l'angle inférieur droit; posez votre flacon et prenez-en un autre à large col placé devant vous tout débouché, et dans lequel vous posez l'angle inférieur droit de la plaque. Soulevez aussitôt cette dernière et inclinez-la alternativement sur le bord droit et sur le bord inférieur, pour détruire en les croisant, les rides qui se forment dans les deux sens de l'écoulement. Lorsqu'il ne s'échappe plus de gouttes de collodion de l'angle de la plaque, placez-la horizontalement, en ayant soin de ne jamais trop relever le bord qui se trouve tourné vers vous, afin que le collodion ne puisse refluer sur la glace et détruise l'uniformité de la couche. Tenez la plaque dans cette position, pendant un temps plus ou moins long, selon que la température est plus ou moins élevée. L'éther s'évaporera et vous reconnaîtrez que la glace peut être plongée dans le bain d'argent, lorsqu'elle dégagera une odeur qui rappelle assez bien celle d'une pomme reinette. Détachez la glace du support en la saisissant par ses deux grands bords avec le pouce et le médius de la main droite, et plongez-la dans une large bassine presque pleine du bain suivant :

Eau distillée.	150 gr.
Azotate d'argent.	10

Quelques praticiens ont conseillé de verser dans ce bain une petite quantité de collodion et de le filtrer après l'avoir agité pendant quelques minutes. J'engage mes lecteurs à suivre cette indication dont j'ai pu constater l'heureuse influence. On donne ainsi de suite au bain d'azotate d'argent, les qualités qu'il n'acquiert qu'à la longue et qui sont dues, sans doute, à ce qu'une certaine quantité d'iodure d'argent se dissout dans le bain, par suite des immersions répétées des plaques collodionnées.

Je crois devoir placer ici quelques remarques sur les imperfections que peut présenter le collodion, et indiquer les moyens d'y remédier.

1° Lorsqu'on verse le collodion sur la glace et qu'il coule difficilement ou que l'on voit se former des rides plus ou moins nombreuses, cela tient à ce que le liquide est trop épais. Pour le corriger, on y ajoute peu à peu de l'éther. A cet effet, versez 10 grammes du collodion trop épais dans un petit vase rodé et recouvert d'une glace dépolie ; ajoutez-y un gramme d'éther, agitez et essayez le collodion. S'il était encore trop épais, vous y ajouteriez un gramme d'éther, et ainsi de suite, jusqu'à ce qu'il soit assez fluide. En opérant de cette manière, vous aurez la proportion exacte de la dose d'éther qu'il faut ajouter à une quantité donnée de collodion.

2° Au moment où l'on plonge la plaque dans

le bain de nitrate, il s'en détache quelquefois de petites pellicules blanches, en d'autres termes, le collodion *se dédouble*. Cette substance est alors trop riche en iodure ; il faut y ajouter du collodion simple. Il peut arriver que ce dédoublement ne s'opère qu'au moment où l'on fait paraître l'image.

3° Quand l'image est développée, en la regardant par transparence, les parties opaques paraissent quelquefois criblées de petites rides excessivement nombreuses. Ce défaut est un des plus graves, en ce qu'une épreuve négative qui en est entachée, ne donne jamais que des positives grises, car la lumière tamisée par ces petites fentes, produit des espèces de hachures dans les parties claires de l'épreuve. Ces fendillures sont dues tantôt au défaut de consistance du liquide, et on y remédie en y ajoutant du collodion simple ; tantôt à ce que la plaque était encore trop fraîche quand on l'a plongée dans le nitrate, et alors il faut laisser l'éther s'évaporer pendant un plus long temps.

Reprenons maintenant l'opération où nous l'avons laissée au moment de plonger la plaque dans le bain d'azotate d'argent. L'immersion de la glace revêtue de collodion, exige de la dextérité et de l'habitude de la part de l'opérateur. On a imaginé bien des procédés pour faciliter cette manœuvre ; après les avoir essayés, je me suis arrêté aux deux suivants, qui donnent presque toujours d'excellents résultats :

1° La plaque étant tenue, comme je l'ai dit, entre le pouce et le médius de la main droite, je soulève la bassine avec la gauche, de manière à faire refluer le liquide vers le bord le plus éloigné. Je lance alors la glace d'arrière en avant, et le collodion en dessus, en même temps que j'abaisse la bassine pour faire revenir aussitôt le liquide sur la glace et la recouvrir tout d'un coup et sans temps d'arrêt.

Vous remarquerez que la surface humectée est toute sillonnée de larmes ou, qu'on me permette l'expression, *qu'elle semble pleurer*. Il faut alors la replonger dans le bain et lui imprimer avec le crochet de petits mouvements oscillatoires de haut en bas *et vice versà*. Lorsque vous la soulèverez de nouveau, les larmes seront moins nombreuses et vous finirez par obtenir une nappe liquide bien uniforme. Passez le crochet dans la main gauche et, de la droite, saisissez la plaque entre le pouce et le médius, toujours par les bords, tout près des angles ; faites-la égoutter par un des angles inférieurs et placez-la doucement dans le châssis de la chambre noire, en évitant de trop incliner ce dernier, et surtout de battre brusquement la glace contre la feuillure (1), afin de

(1) La feuillure du châssis a l'inconvénient grave de retenir le liquide qui s'écoule toujours vers la partie inférieure de la glace, et d'y produire des taches, surtout si l'on imprime au châssis quelque mouvement brusque. Souvent encore, on omet de nettoyer la

ne pas faire rejaillir le liquide. Au moment où vous vous disposez à plonger la plaque dans le bain d'azotate d'argent, le laboratoire ne doit plus être éclairé que par une bougie ou une petite lampe placée derrière un verre jaune orangé. Le collodion photographique est tellement impressionnable, que la faible lumière d'une bougie suffit pour voiler l'épreuve ; il est facile de s'en convaincre par l'expérience suivante. La bougie étant abritée derrière le verre jaune, plongez la glace dans le nitrate, placez-la dans le châssis, ouvrez le volet et cachez la moitié de la plaque avec un morceau de carton, enlevez le verre jaune pendant dix secondes seulement, puis soumettez la plaque à l'action du bain réducteur dont je parlerai dans la leçon suivante.

Une moitié de la plaque restera blanche, l'autre deviendra plus ou moins grise.

Voici maintenant une autre manière d'opérer qui est bien préférable, surtout pour les grandes glaces, qu'il est fort difficile de plonger régulièrement dans le bain de nitrate en suivant le procédé que je viens de décrire :

Le nitrate est contenu dans une bassine verticale construite en glace ou simplement en gut-

feuillure après chaque expérience et tous les bords de l'épreuve se trouvent tachés de noir. On évitera ces accidents par la suppression de la feuillure et en fixant aux angles du cadre, quatre petits coins d'argent destinés à retenir la glace.

ta-percha. Placez la glace collodionnée sur un crochet à long manche également formé de gutta-percha, et plongez-la sans brusquerie, mais bien régulièrement, dans la bassine qui doit être un peu inclinée, afin que la face postérieure de la glace repose naturellement sur une des parois et que le collodion ne puisse venir en contact avec l'autre. De temps en temps, à l'aide du crochet, soulevez la glace pour l'examiner et agitez-la doucement jusqu'à ce que sa surface soit bien unie. Retirez alors la plaque et placez-la dans le châssis. Un amateur distingué, **M.** Couvreux, a fait construire une petite fourchette d'argent dont l'usage facilite beaucoup l'immersion de la glace dans la bassine verticale.

Je ne saurais omettre ici l'indication d'un procédé très simple, imaginé par **M.** Laborde, dans le but d'éviter le voile grisâtre qui masque fort souvent les épreuves, surtout lorsqu'elles sont faites avec un collodion contenant de l'iodure d'argent.

Laissez la glace collodionnée sur le bain d'argent pendant vingt-cinq à trente secondes, égouttez et trempez-la dans une bassine d'eau distillée pendant une minute. Si la surface de la glace est alors bien lisse, placez-la dans le châssis, et quand elle aura été impressionnée, plongez-la de nouveau dans le bain de nitrate d'argent et continuez l'opération comme d'habitude. Au lieu de replonger la plaque dans le bain de nitrate, il est plus prudent de verser à sa surface une couche d'une solution de deux grammes d'azotate d'argent dans cent grammes d'eau distillée ; on ne risque pas ainsi d'altérer son bain.

NEUVIÈME LEÇON.

Exposition à la chambre obscure. — Développement de l'image. — Procédé pour donner de la vigueur à l'épreuve.

Le châssis, fermé et tenu toujours verticalement, sera placé dans la chambre obscure; quand l'impression lumineuse aura été assez prolongée, on l'emportera dans le laboratoire (1).

Retirez la glace du châssis et placez-la, le collodion en-dessus, sur un support à manche tenu dans la main gauche. Ce support, dont l'expérience m'a fait connaître la supériorité sur ceux à vis calantes, peut être incliné à volonté dans tous les sens, au moyen de légers mouvements de la main; on dirige ainsi fort commodément la marche des liquides versés sur la couche impressionnée, pour développer l'image.

La plaque étant donc placée sur le support à manche, versez à sa surface, *tout-à-coup, sans*

(1) La durée de l'exposition peut varier de quelques secondes à une minute, suivant la nature du collodion, l'éclairage, la couleur de l'objet, l'ouverture et le foyer de l'objectif.

interruption, et en suivant un des petits bords,
une nappe du liquide dont voici la composition :

Eau distillée.	500 gr.
Proto-sulfate de fer. . .	50
Acide sulfurique.	10 goutt.
Alcool à 36°.	8 gr.

Faites dissoudre le sulfate de fer dans l'eau,
ajoutez l'acide sulfurique, puis l'alcool.

L'addition de l'alcool m'a été suggérée par la
difficulté que j'éprouvais parfois à étendre le
sulfate également sur la glace; presque toujours
il s'y formait des taches produites par le retrait
du liquide en certains points; en faisant usage
du sulfate alcoolisé, cet accident n'est plus à
craindre et je crois même que l'image se développe plus régulièrement.

Aussitôt que la glace est recouverte de la solution de sulfate, l'image paraît comme par
enchantement, et il suffit de quinze à vingt
secondes pour que le sulfate ait produit tout son
effet. Renversez le liquide dans une cuvette et
plongez doucement la plaque dans une bassine
pleine d'eau où vous la laisserez séjourner pendant trente secondes. Soulevez-la avec le crochet
pour l'examiner par transparence. Quand l'é-
preuve a été faite dans de bonnes conditions,
c'est-à-dire avec un bel éclairage et un objectif à
large ouverture, il est rare qu'on soit obligé de

la traiter par de nouveaux réactifs ; mais si elle présente un aspect grisâtre, il faut nécessairement lui donner plus de vigueur.

Dans : Eau distillée. . .	200 gr.
Faites dissoudre :	
Azotate d'argent.	10
Ajoutez : Acide azotique.	6 goutt.
Puis : Alcool.	6 gr.

Après avoir retiré l'épreuve de l'eau, replacez-la sur le support et versez-y, avec les mêmes précautions indiquées pour le sulfate, le liquide dont je viens d'indiquer la préparation. Laissez-le agir pendant trente secondes, renversez-le dans un vase où vous le conserverez pour le convertir en chlorure avec lequel vous pourrez faire du nitrate d'argent, et, en dernier lieu, couvrez la glace d'une nouvelle couche de sulfate de fer alcoolisé. On peut ainsi donner à l'épreuve autant de vigueur qu'on désirera, en répétant les mêmes opérations aussi souvent qu'il sera nécessaire, mais en terminant toujours par le sulfate de fer et en ayant bien soin de laver l'épreuve chaque fois qu'on aura employé cette dernière substance.

DIXIÈME LEÇON.

Fixage des épreuves. — Application du vernis. Images positives directes.

Aussitôt que l'épreuve vous paraîtra assez vigoureuse, lavez-la en versant de l'eau à plusieurs reprises sur la surface revêtue de collodion, puis sur l'envers de la glace. Le liquide doit être versé doucement par un des bords de la glace inclinée que vous retournerez pour en faire autant du côté opposé. Le collodion dont j'ai donné la composition résiste parfaitement au lavage; mais on pourrait quelquefois avoir occasion d'en employer qui adhérât moins à la glace, et, dans ce cas, il se soulèverait très-facilement, surtout s'il avait été éraillé en quelques points pendant les diverses opérations. Il est donc important de verser alors le liquide très-doucement, tout près de la plaque, et de placer délicatement l'épreuve dans le bain d'hyposulfite dont il va être question.

Ce bain est composé de :

Eau. . . . . 100 gr.
Hyposulfite de soude . . 15

M. Laborde ayant remarqué que l'acide sulfurique du sulfate de fer déterminait dans le bain d'hyposulfite un précipité de soufre d'où résultait un voile grisâtre sur l'épreuve, conseille avec raison d'ajouter un peu d'ammoniaque au bain fixateur.

L'épreuve bien lavée est mise dans ce bain, la face impressionnée en dessus. On se sert pour la soutenir d'un crochet d'argent ou de baleine qui ne doit être employé qu'à cet usage. L'image, d'autant moins visible à la surface du collodion, qu'on a employé l'action successive du nitrate et du sulfate un plus grand nombre de fois, s'efface encore, et au moment où elle semble disparaître entièrement, vous la voyez se montrer de nouveau. Dès qu'en soulevant la glace vous remarquez qu'il ne reste plus de parties *laiteuses* et que l'épreuve est bien transparente, vous la retirez du bain fixateur pour la soumettre à un dernier lavage. Toute cette partie de l'opération peut être faite au grand jour ; à partir de ce moment, la lumière n'a plus d'action sur l'épreuve. Posez la glace sur un des petits bords, la face impressionnée tournée vers le mur contre lequel vous l'appuyez et laissez-la sécher à l'abri de la poussière. Quand elle est parfaitement sèche, versez sur le collodion, et de la même manière que cette substance a été étendue sur le verre, une couche de beau vernis à tableau, auquel vous ajouterez un quart d'essence de térébenthine, s'il est trop épais. Faites écouler le vernis dans le flacon par l'angle droit inférieur de la glace, égouttez et laissez sécher de nouveau. Dès que le vernis est sec, exposez pendant quelques minutes la face du verre opposée au collodion, à la chaleur d'une petite lampe à l'alcool, en évitant de mettre le feu au vernis ; laissez refroidir la plaque qui sera prête à donner des épreuves positives sur papier.

Pour nettoyer une plaque vernie, vous ferez usage d'abord d'essence de térébenthine, puis d'alcool, ensuite d'eau acidulée par l'acide azotique, et enfin du mélange d'alcool et de tripoli.

Les épreuves positives directement obtenues sur verre, se font de la même manière que les épreuves négatives, avec ces différences, toutefois : 1° que la glace doit être nettoyée plus soigneusement encore que pour les épreuves négatives ; 2° que l'on emploie de préférence le collodion à l'iodure d'ammoniaque ; 3° que l'exposition à la chambre noire est beaucoup moins prolongée, puisque l'on peut reproduire instantanément des objets vivement éclairés ; 4° que l'image développée par le sulfate de fer n'a pas besoin d'être traitée par la solution de nitrate d'argent.

On vernit les épreuves positives comme les négatives, mais il faut encore former derrière ce vernis un fond noir destiné à faire ressortir les vigueurs de l'image, ou, pour me faire mieux comprendre, à jouer le rôle du métal bruni des épreuves sur plaqué d'argent. Cette indication peut être remplie de plusieurs manières.

1° Au lieu de vernir le collodion avec un vernis transparent, faites usage du vernis au bitume de Judée. Ce procédé réussit assez bien avec les collodions très-épais ; toutefois, il arrive souvent que le vernis noir pénètre la couche de collodion et donne à l'épreuve un ton brun qui lui enlève tout son éclat; aussi je préfère me servir d'abord du vernis à tableaux, et, lorsqu'il est bien sec, le recouvrir d'une couche de vernis noir.

2° Quand le vernis à tableaux est bien sec, fixez derrière l'épreuve un morceau de velours noir.

3° Vernissez au vernis noir une lame de verre ordinaire, et quand elle est bien sèche, placez-la derrière le collodion protégé par le vernis à tableaux.

4° Aussitôt que le vernis transparent est étendu sur l'épreuve, exposez-le à la fumée épaisse que dégage la flamme d'une lampe alimentée par l'essence de térébenthine ; le noir de fumée pénétrera le vernis, et quand celui-ci sera sec, il produira exactement l'effet d'un vernis noir.

Je vais maintenant décrire un procédé au moyen duquel on peut donner beaucoup plus de brillant aux épreuves positives qui ont quelquefois un aspect terne.

Aussitôt que la plaque a été lavée au sortir

du bain d'hyposulfite, placez-la sur un support bien horizontal et versez à sa surface une petite quantité d'eau distillée. Faites dissoudre deux grammes de deuto-chlorure de mercure dans cinquante grammes d'eau distillée, et versez une partie de ce liquide sur la plaque déjà couverte d'eau. Les blancs de l'image deviennent noirs aussitôt, mais au bout de quelque temps, ils commencent à s'éclaircir ; renversez le liquide et remplacez-le par une nouvelle dose de la solution de deuto-chlorure ; l'image blanchira progressivement, et lorsque vous jugerez qu'elle est assez brillante, vous la placerez dans une cuvette pleine d'eau que vous renouvellerez deux fois. Je préfère laver la plaque de cette manière, parce que le traitement par le deuto-chlorure rend la couche de collodion beaucoup moins consistante, et qu'on l'enlève quelquefois lorsqu'on lave en versant l'eau sur l'épreuve. Quand celle-ci est sèche, on la vernit ainsi que je l'ai déjà enseigné.

Plusieurs personnes ont conseillé l'addition de quelques gouttes d'acide chlorhydrique ; mais si elle accélère un peu l'opération, elle a l'inconvénient d'altérer encore plus le collodion : j'ai donc renoncé complètement à son usage.

6*

ONZIÈME LEÇON.

Épreuves positives sur papier, choix du papier, sa préparation. — Papier albuminé. — Procédé à suivre pour tirer des épreuves par un jour sombre ou à la lumière d'une lampe.

Le papier que je préfère pour tirer les épreuves positives, est le papier de Saxe, petit format. Il est solide, résiste parfaitement aux lavages, donne de beaux tons, et son grain ne ressort pas trop sous l'influence des différents bains. L'envers de ce papier est facile à reconnaître. Lorsqu'on regarde une feuille obliquement, on distingue sur une des faces, des bandes transversales produites par le cylindrage; c'est sur la face opposée que l'on opérera. Il faut tracer sur l'envers et aux quatre angles de la feuille, une marque au crayon, qui servira à la faire reconnaître pendant les différentes opérations. Coupez alors votre papier de la grandeur convenable, et, saisissant une des feuilles par les deux angles qui réunissent la diagonale, rapprochez les deux mains de manière à mettre ces angles en contact; posez la convexité de la

feuille sur une couche peu épaisse de la préparation suivante :

Eau distillée. . . . . . .   100 gr.
Chlorure de sodium. . .   10

Abaissez doucement les angles de la feuille
sans les quitter, puis soulevez-les alternativement pour examiner si quelques bulles d'air ne
se seraient pas formées entre le liquide et le papier, et abaissez-les définitivement et sans brusquerie. Veillez surtout à ce que le liquide ne
revienne pas sur la face supérieure de la feuille.
Quand elle est restée quatre minutes sur le liquide, saisissez-la par les deux angles qui vous
font face, faites-la égoutter et séchez-la bien
dans un buvard spécial. Posez une seconde
feuille sur le bain salé, ensuite appliquez la
feuille que vous venez de sécher sur un autre
bain composé de :

Eau distillée. . . . .   100 gr.
Azotate d'argent.   15

avec les mêmes précautions que vous avez pri-
ses pour le bain salé. Après quatre minutes,
enlevez la feuille en la prenant par les deux angles avec des pinces de corne qui ne doivent
servir qu'à cet usage ; faites-la égoutter et fixez-

la par un angle au bord d'une planche. On peut encore tendre dans le laboratoire des cordes sur lesquelles on enfile des rondelles de liége. Ces rondelles mobiles offrent le double avantage de pouvoir être espacées à volonté et de n'offrir qu'une très faible résistance à l'épingle.

La seconde feuille salée sera traitée comme la première et viendra la remplacer sur le bain de nitrate. Vous préparerez de la même manière tout le papier qui vous sera nécessaire pour le tirage du lendemain, mais pas davantage, parce que ce papier, revêtu d'une couche de chlorure d'argent, brunit rapidement, même quand il est conservé dans une boîte hermétiquement fermée, et qu'il ne reprend jamais sa première blancheur lorsqu'on fixe l'épreuve. La teinte grise ou jaunâtre qu'il conserve alors peut être quelquefois agréable dans un paysage, mais elle détruit tout l'éclat d'un portrait.

On a beaucoup trop vanté, à mon avis, le papier albuminé. J'avoue que cette préparation offre quelques avantages lorsqu'on n'a que du papier ordinaire à sa disposition ; mais avec le papier de Saxe, l'emploi de l'albumine me paraît plutôt nuisible qu'utile, car il donne à peine un peu plus de finesse au dessin et produit presque toujours des tons *chocolat* d'un aspect fort désagréable. Cependant je ne crois pas devoir omettre, dans ces leçons, la préparation du papier albuminé, dont l'emploi pourrait paraître préférable à quelques-uns de mes lecteurs. Voici, en quelques mots, le procédé à suivre :

1° Bain salé.

Albumine.	100 gr.
Eau filtrée	25
Chlorure de sodium . . .	10

2° Bain de nitrate.

Eau distillée.	100 gr.
Azotate d'argent.	25

Pour préparer l'albumine, prenez cinq œufs, recueillez-en les blancs dans une cuvette, en évitant d'y laisser tomber les germes. Faites dissoudre le sel dans l'eau, et versez ce liquide dans la cuvette. Avec une fourchette de bois, battez le mélange jusqu'à ce qu'il soit transformé en une mousse blanche bien consistante, et qu'il ne reste plus de parties fluides au fond du vase. Couvrez la cuvette et laissez reposer la préparation jusqu'au lendemain matin, si vous avez opéré le soir. Vous trouverez alors, sous une petite quantité de mousse, un liquide d'un jaune citrin, formé d'albumine et d'une petite quantité d'eau salée. Décantez avec soin, et au besoin passez au travers d'un linge fin; employez ce liquide comme l'eau salée simple dont je vous ai entretenu plus haut, avec cette différence que vous obtiendrez une couche d'épaisseur variable en laissant séjourner la feuille plus ou moins longtemps sur le bain. La couche sera épaisse quand vous enlèverez le papier après deux minutes de contact ; elle sera moins épaisse, mais plus égale, si vous attendez six ou huit minutes. Quant au bain d'argent, plus son action est prolongée, moins le ton définitif de l'épreuve est roux. Je laisse toujours la feuille sur le bain de nitrate pendant huit minutes. Il faut veiller ici plus que jamais à l'expulsion des bulles qui se forment avec une certaine facilité sur le liquide albuminé.

C'est avec la même préparation appliquée sur verre, que l'on tire ces jolies épreuves positives transparentes qui produisent un si délicieux effet dans le stéréoscope. Pour préparer une glace par ce procédé, après l'avoir bien nettoyée, placez-la sur un support de bois portant au centre de sa face inférieure un long manche arrondi, et versez à sa surface l'albumine salée ; égouttez, puis, redressant le support, faites rouler entre les deux mains le manche du support, pour que le liquide excédant, chassé par la force centrifuge, quitte la glace et y laisse seulement une couche mince et bien uniforme. Faites sécher la plaque à l'abri de la poussière ou sur la flamme d'un lampe à l'alcool. Trempez-la ensuite dans le bain de nitrate, la face albuminée en dessus, en évitant les temps d'arrêt, absolument comme pour le collodion, et laissez-la dans la bassine jusqu'à ce que l'albumine soit devenue d'un beau blanc opalin ; enlevez-la alors, lavez-la dans l'eau et faites-la sécher dans l'obscurité et à l'abri de la lumière. En cet état, elle sera prête à servir, comme une feuille de papier positif.

L'impossibilité où l'on se trouve souvent de pouvoir tirer des épreuves, par suite du manque de lumière, a fait imaginer d'utiliser le papier négatif à ce tirage, en le modifiant un peu. Je vais en quelques mots exposer le procédé qui, bien que ne donnant pas toujours d'aussi beaux résultats que le tirage sur le papier chloruré, est parfois d'une grande utilité pendant les mauvais jours d'hiver.

Faites dissoudre dans :

Eau distillée.	100 gr.
Iodure de potassium. . .	5

Filtrez et placez une feuille de papier sur ce liquide. Au bout de quatre minutes, égouttez et faites sécher le papier en le suspendant avec une épingle. Lorsqu'il est sec, posez-le par la même face, sur le bain suivant :

Eau distillée.	250 gr.
Azotate d'argent.	20
Ac. acétique.	10

Après un séjour de quatre minutes sur ce

bain, faites égoutter et séchez la feuille au buvard. Ce papier peut être conservé à l'abri de
la lumière pendant un ou deux jours au plus.

Je renouvellerai ici une recommandation que
j'ai déjà faite, mais sur laquelle je ne saurais
trop insister. Toutes les fois que le nitrate d'argent entre dans la composition d'un bain, vous
devrez opérer dans un cabinet noir éclairé par
une bougie et mieux encore par une lampe
renfermée dans une lanterne garnie de verres
jaunes.

DOUZIÈME LEÇON.

Tirage des épreuves, fixage, procédés pour obtenir des tons variés.

On a construit pour le tirage des images positives, des châssis à planchette brisée, dont la disposition est parfaitement combinée pour permettre à l'opérateur de suivre les progrès de l'épreuve sans détruire le parallélisme des feuilles mises en contact. Dans tout ce qui va suivre, les indications se rapportent à ce genre de châssis qui accompagne toujours les appareils bien construits (1)

Enlevez la planchette postérieure du châssis, nettoyez bien la glace, et après l'avoir remise en place, posez dans le cadre l'épreuve négative sur papier ou sur verre, la face impressionnée en dessus. Recouvrez-la d'une feuille de papier positif en mettant la face préparée de la feuille en contact avec la négative; fermez le châssis, et exposez-le à une vive lu-

(1) Je recommanderai particulièrement les appareils construits par M. Charles Chevalier. Le soin que cet habile et consciencieux constructeur met à vérifier par lui-même tous les instruments sortis de

mière. L'opération marche très rapidement lorsque la négative est sur verre. En été, par un beau soleil, il faut examiner l'épreuve après quatre ou cinq minutes d'exposition. Pour cela, vous porterez le châssis dans le laboratoire ou dans un coin obscur de la chambre, et vous ouvrirez un des battants de la planchette brisée. Si l'image a déjà pris la teinte et le brillant qu'elle devra avoir définitivement, il faudra l'exposer de nouveau à la lumière, mais alors on ne la quittera plus, et de minute en minute on l'examinera jusqu'à ce qu'on voie que les parties les plus vigoureuses ont une tendance à prendre un aspect métallique. En général, une épreuve doit toujours être tirée assez fortement pour qu'on puisse l'affaiblir de moitié en la fixant. Les images qui ne supportent pas ce dépouillement, ne seront jamais vigoureuses, manqueront de détails et ne présenteront pas

ses ateliers, est déjà une grande garantie de leur perfection qui est d'ailleurs hautement proclamée par les plus habiles Photographes de tous pays. Mes lecteurs m'absoudront sans doute, bien volontiers, du péché d'indiscrétion que je vais commettre, en leur annonçant la publication prochaine d'une brochure que M. Chevalier vient de terminer et qui intéressera vivement les amateurs et les artistes par les nombreux renseignements qu'elle contient sur les applications à la Photographie de plusieurs combinaisons optiques ; du moins telle est l'impression que j'ai éprouvée en parcourant, grâce à l'obligence de M. Chevalier, les épreuves de ce travail.

ces beaux tons d'*aqua-tinta*, que l'on recherche avec raison. Dès que l'épreuve vous paraîtra bien venue, retirez-la du châssis et plongez-la dans un bain composé de :

Eau	1000 gr.
Hyposulfite de soude . .	100

où elle séjournera au moins un quart d'heure. Toute épreuve qui ne pourrait supporter l'action de ce bain pendant quinze minutes, sans que le dépouillement fasse disparaître les détails de l'image, devra être rejetée, à moins qu'on ait l'intention de la retoucher ou de la colorier ; dans ce dernier cas, l'épreuve doit toujours être tirée un peu pâle.

Lorsqu'on plonge la feuille dans l'hyposulfite, il faut qu'elle soit mouillée bien également dans toute son étendue ; les bulles d'air empêchant le contact du papier et de l'hyposulfite, produisent des taches qu'il est fort difficile de faire disparaître ; aussi est-il prudent de tremper d'abord le papier dans une bassine pleine d'eau, et de le porter ensuite dans le bain d'hyposulfite ; de cette manière, il se trouvera complètement imprégné de liquide, et l'on n'aura plus à craindre de voir se former des taches lorsqu'on le plongera dans le bain fixateur.

On a souvent conseillé de se servir d'hyposulfite qui ait déjà servi à fixer plusieurs épreuves, et dans le cas où l'on n'en n'aurait pas à sa disposition, d'ajouter à la solution récente une petite quantié de chlorure d'argent ; mais bien qu'en réalité ce liquide donne des tons un peu plus vigoureux, on risque trop de voir les blancs de l'épreuve prendre une teinte jaunâtre pendant le fixage ou quelque temps après qu'elle est terminée. Je me sers d'une solution récemment préparée, et lorsqu'elle a servi deux ou trois fois, je la réserve pour composer les liquides fixateurs dont je vais bientôt vous entretenir.

L'image se dépouille d'abord dans l'hyposulfite, mais bientôt elle prend un beau ton bistré qui devient plus vigoureux lorsqu'on prolonge l'action du bain ; il faut pour cela que l'épreuve soit très noire en sortant du châssis, car le liquide fixateur affaiblit presque toujours la teinte de moitié. Quand vous jugez que le ton est convenable et que toutes les parties de l'épreuve se dessinent bien nettement, retirez-la du bain d'hyposulfite et lavez-la à grande eau, puis laissez-la tremper pendant quatre ou cinq heures dans ce liquide en le renouvelant cinq ou six fois. Après un dernier lavage que l'on fait quelquefois à l'eau chaude, passez l'épreuve dans le buvard et laissez-la sécher sur une feuille de papier propre.

Si l'image est un peu terne, faites dissoudre une petite quantité de gomme arabique dans de l'eau, et passez, au pinceau, une couche de cette solution sur l'épreuve que vous ferez cylindrer aussitôt qu'elle sera sèche. L'emploi de la solution gommeuse est bien moins nécessaire et le satinage suffit presque toujours lorsqu'on fait usage du papier de Saxe.

Ce mode de fixage donne un beau ton noir brun, qui convient fort aux paysages, mais beaucoup moins aux portraits et aux reproductions de gravures. Je vais donc décrire quelques procédés au moyen desquels on variera les teintes à volonté.

1° Faites dissoudre un gramme de chlorure d'or dans un demi-litre d'eau distillée, d'une part, et de l'autre, 4 grammes d'hyposulfite de soude, également dans un demi-litre d'eau. Versez peu à peu, et en agitant avec une baguette de verre, la première solution dans la seconde ; vous obtiendrez un litre d'un liquide jaune citrin parfaitement clair. Si, au contraire, vous versiez la seconde solution dans la première, le liquide noircirait presque aussitôt et n'agirait plus de la même manière. Versez dans une bassine une petite quantité de ce liquide et trempez-y l'épreuve, après l'avoir mouillée dans l'eau distillée. En quelques secondes, l'image deviendra d'un noir bleuâtre ; enlevez-la aussitôt, lavez-la pour la porter ensuite dans l'hyposulfite où elle devra rester pendant vingt minutes ; enfin, lavez, etc. (1)

(1) Le lavage devant terminer tous les procédés de fixage, je me dispenserai d'en parler pour éviter les répétitions.

7 *

Ce liquide donne un ton noir plus riche que l'hyposulfite seul.

Le sel d'or de **MM**. Gélis et Fordos remplace avec avantage la préparation précédente. On l'emploie à la dose de un gramme de sel pour huit cents grammes d'eau distillée. Mes lecteurs devront se tenir en garde contre les contrefaçons nombreuses que l'on a faites de ce produit.

2° L'épreuve traitée par le procédé précédent, sera replongée dans le chlorure d'or qui a déjà servi, après qu'elle se sera bien dépouillée dans l'hyposulfite, et on l'y laissera séjourner jusqu'à ce qu'elle ait pris la teinte noire de la gravure. On peut encore la dépouiller d'abord dans l'hyposulfite, et la porter ensuite dans du chlorure neuf, où elle séjournera jusqu'à ce qu'elle ait pris le ton noir.

3° Versez dans de l'eau filtrée une petite quantité d'ammoniaque liquide, et traitez l'épreuve dans ce bain. Elle s'y dépouillera considérablement et passera du brun au jaune rougeâtre. Retirez-la au bout d'un quart d'heure, pour la laver. On obtient quelquefois ainsi des teintes d'un aspect assez singulier; mais l'immersion de l'épreuve dans l'eau modifie le ton, et, en séchant, l'épreuve passe souvent au noir brun.

4° A 100 grammes de solution d'hyposulfite de soude, ajoutez 10 grammes de bon vinaigre ou 10 gouttes d'acide acétique. L'épreuve, traitée par ce liquide, prendra, au bout de vingt minutes environ, un très beau ton noir, que je préfère à toutes les autres teintes pour le portrait et les reproductions de gravures.

Afin d'éviter la teinte jaune que la précipitation du soufre détermine quelquefois dans le papier, M. Laborde conseille de procéder de la manière suivante : Neutralisez 25 grammes d'ammoniaque par l'acide acétique, et ajoutez-y 100 grammes d'acide acétique ordinaire et 500 grammes d'eau. Ce liquide se conserve sans s'altérer. Pour en faire usage, versez-en 100 grammes sur 8 grammes d'hyposulfite de soude. Ce bain peut servir pour plusieurs épreuves. Il s'y forme peu à peu du sulfure d'argent insoluble qui vient tapisser les parois de la bassine et ne gêne pas les opérations suivantes.

En terminant ce qui est relatif au fixage, j'insisterai sur l'importance des lavages à l'eau. De cette opération dépend la beauté et la durée des épreuves. Toutes ces vues si belles et si précieuses qui jaunissent au bout de quelque temps et perdent tout leur éclat, ont été incomplètement débarrassées de l'hyposulfite de soude qui a servi à les fixer. Mais il ne suffit pas de faire dégorger les épreuves pendant plusieurs heures, il faut encore changer l'eau fréquemment ; car si le papier restait toujours dans le même bain, ce serait absolument comme si on le plongeait dans une solution d'hyposulfite très étendue, et quand bien même la feuille de papier resterait dans le liquide pendant huit jours, elle n'en serait pas mieux lavée, tandis que cinq ou six bains successifs, de dix minutes chaque, donneraient un bien meilleur résultat.

En terminant ces leçons, je recommanderai à mes élèves d'étudier un seul procédé à la fois et de ne jamais en aborder un autre avant d'être bien familiarisés avec le premier. C'est le seul moyen d'éviter la confusion et d'arriver à des résultats complets. En faisant, au contraire, tantôt quelques essais sur collodion, tantôt quelques autres sur papier sec et humide, leur apprentissage sera bien plus long et plus dispendieux. Ils devront aussi se bien pénétrer des manipulations qui composent les divers temps de chaque procédé, afin de ne pas hésiter au moment de mettre en pratique les indications quelque peu minutieuses, exposées dans ces leçons. Avec beaucoup d'attention, de la persévérance, et en suivant à la lettre les conseils que je leur ai donnés, ils réussiront infailliblement après quelques jours d'étude.

LISTE DES APPAREILS,

DES ACCESSOIRES ET DES PRODUITS CHIMIQUES DONT ON SE SERT POUR OBTENIR DES ÉPREUVES PHOTOGÉNÉES.

Ayant remarqué combien les commençants étaient embarrassés parfois pour déterminer le nombre des objets et surtout la quantité des produits chimiques qui leur sont indispensables lorsqu'ils veulent se livrer sérieusement à la pratique de la photographie, j'ai cru leur rendre service en plaçant à la fin de ces leçons la liste suivante, qui leur évitera d'ennuyeuses recherches dans les catalogues et leur permettra de vérifier facilement si leurs appareils sont bien complets.

Dans cette liste, il n'est fait mention que des pièces d'appareil et des produits chimiques indiqués dans le cours de cet ouvrage. En donnant d'autres indications, j'aurais pu la rendre plus complète, mais je me serais écarté de la pensée qui m'a dirigé et du but que j'ai voulu atteindre en publiant ces leçons.

1° APPAREILS.

PAPIER ET VERRE.

1. Chambre noire.
2. Objectif pour vues et portraits avec diaphragmes et cône.
3.   Id.   rapide pour portraits.
4. Pied à trois branches.
5. Petite tente qui se monte sur le pied et permet de changer les feuilles impressionnables à l'abri de la lumière.
6. Appui-tête.
7. Deux châssis pour papier.
8. Un châssis pour verre.
9. Planchettes de rechange de différentes grandeurs.
10. Boîtes contenant les plaques de verre.
11. Supports pour maintenir les plaques de verre pendant qu'on les nettoie, et cire à modeler.
12. Une peau de chamois.
13. Quatre pinceaux.
14. Quatre pinces de corne.
15. Une boîte d'épingles noires.

16. Une grande bassine verticale en gutta-percha, son crochet et son pied.
17. Deux bassines de porcelaine et deux autres
en gutta-percha.
18. Deux crochets, l'un en argent, l'autre en
corne ou en baleine.
19. Un support à manche.
20. Un id.   à trois vis calantes.
21. Une lanterne à verres jaunes.
22. Une lampe à l'esprit-de-vin.
23. Deux cartons à feuillure double, pour le
papier positif et les épreuves non fixées.
24. Deux portefeuilles pour renfermer les
feuilles cirées, iodurées et salées.
25. Un cahier dans son étui pour conserver les
feuilles nitratées.
26. Un portefeuille où l'on renferme les
épreuves terminées.
27. Une balance et ses poids.
28. Deux mesures graduées.
29. Trois verres à expériences et baguettes de
verre.
30. Quatre entonnoirs.
31. Plusieurs flacons vides.
32. Une bassine de cuivre étamé, une autre en
doublé d'argent et un trépied à vis calantes pour cirer le papier.
33. Un fer à repasser.
33 *(bis)*. Une boîte à tripoli.

2° PRODUITS CHIMIQUES, ETC.

PAPIER ET VERRE.

34. Deux mains de papier Canson pour épreuves positives.
35. Deux mains de papier de Saxe, petit format, pour épreuves positives.
36. Plusieurs cahiers de papier buvard étiquetés et destinés chacun à un usage spécial, plus une main du même papier pour décirer les feuilles.
37. Cire vierge . . . . 500 gr.
38. Iodure d'ammoniaque 50
39. Iodure de potassium. 100
40. Miel blanc. . . . . q.s.
41. Nitrate ou azotate d'argent. . . 50 gr.
42. Nitrate ou azotate de zinc. . . . 25
43. Acide acétique cristallisable. . . 30
44. Acide gallique. 100
45. Hyposulfite de soude. 1000
46. Un flacon de collodion. 130
47. Coton azotique. 30
48. L'éther et l'alcool, ainsi que l'eau distillée, occuperaient trop de place dans les boîtes; et d'ailleurs, comme les flacons dans lesquels on renfermerait ces substances pourraient se briser pendant le

transport et gâter les autres produits ou les différentes pièces de l'appareil, il vaut mieux n'en emporter qu'une très petite quantité, lorsqu'on pense pouvoir s'en procurer dans les localités où l'on va opérer. L'eau distillée peut être remplacée par de l'eau de pluie ou de neige fondue, pourvu qu'elle ait été recueillie directement dans des vases bien propres . . . . .

49. Tripoli ou terre pourrie. . . . . 250 gr.
50. Proto-sulfate de fer. 1000
51. Acide sulfurique. 100
52. Acide nitrique ou azotique. . . 100
53. Ammoniaque liquide. 100
54. Vernis à tableaux et vernis au bitume de Judée, de chaque un flac.
55. Cyanure de potassium en morceaux pour nettoyer les mains tachées par le nitrate d'argent. . . . . 25 gr.
56. Chlorure de sodium 1000
57. Bi-chlorure de mercure 50
58. Gomme arabique. 30

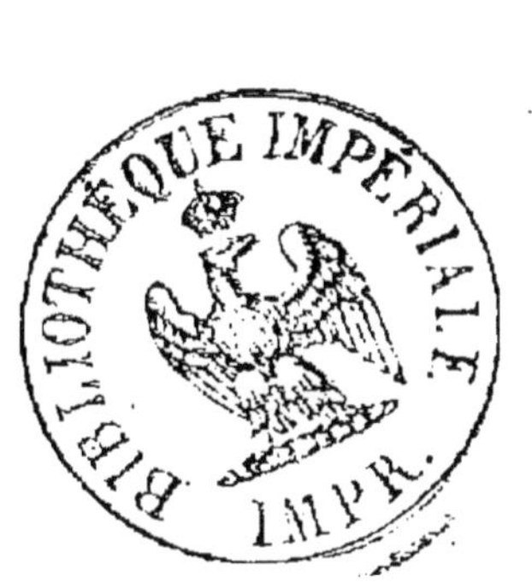

TABLE DES MATIÈRES.

—

362. — Paris. Imprimerie H. SIMON DAUTREVILLE et Cᵉ,
rue Neuve-des-Bons-Enfants, 3.

IMPRIMERIE H. SIMON DAUTREVILLE ET Cᵉ,
RUE-NEUVE-DES-BONS-ENFANTS, 3.